¿Qué tipo de animal es?

Reptiles
de todo tipo

Kelley MacAulay y Bobbie Kalman

Crabtree Publishing Company

www.crabtreebooks.com

Reptiles de todo tipo

Serie creada por Bobbie Kalman

Dedicado por Robert MacGregor
Para Megan y Melinda, de parte del tío Rob

Editora en jefe
Bobbie Kalman

Equipo de redacción
Kelley MacAulay
Bobbie Kalman

Editora de contenido
Kathryn Smithyman

Editoras
Molly Aloian
Kristina Lundblad
Reagan Miller
Rebecca Sjonger

Diseño
Katherine Kantor
Margaret Amy Reiach (portada)
Robert MacGregor (logotipo de la serie)

Coordinación de producción
Katherine Kantor

Investigación fotográfica
Crystal Foxton

Consultor lingüístico
Dr. Carlos García, M.D., Maestro bilingüe de Ciencias, Estudios Sociales y Matemáticas

Consultora
Patricia Loesche, Ph.D., Programa sobre el comportamiento de animales,
    Departamento de Psicología, University of Washington

Consultor asistente
Thomas Brissenden

Ilustraciones
Barbara Bedell: páginas 4 (todas excepto el caimán), 5 (tuatara), 7, 8, 10 (arriba, izquierda
    y derecha), 11, 12 (arriba, izquierda y derecha), 13, 14 (centro), 16, 18, 22, 23, 24 (inferior),
    26, 28, 29 (escarabajo), 30, 32 (todas excepto la columna vertebral, el caimán, la serpiente
    y la tortuga)
Anne Giffard: páginas 6, 21 (derecha), 32 (serpiente)
Katherine Kantor: páginas 5 (serpiente), 9, 12 (inferior), 21 (izquierda), 27
Margaret Amy Reiach: páginas 4 (caimán), 10 (inferior), 20, 29 (araña), 32 (columna vertebral,
    caimán y tortuga)
Bonna Rouse: páginas 5 (tortuga), 14 (arriba, izquieda y derecha, y abajo), 19,
    24 (arriba, izquierda y derecha), 25

Fotografías
Robert McCaw: página 17 (inferior)
Robert & Linda Mitchell: página 25 (inferior)
Visuals Unlimited:
    Betty y Nathan Cohen: página 29; Joe McDonald: página 22; Tom J. Ulrich: página 28
Otras imágenes de Corbis, Corel, Digital Stock, Digital Vision y Photodisc

Traducción
Servicios de traducción al español y de composición
    de textos suministrados por translations.com

Crabtree Publishing Company

www.crabtreebooks.com   1-800-387-7650

Cataloging-in-Publication Data
MacAulay, Kelley.
    [Reptiles of all kinds. Spanish]
    Reptiles de todo tipo / written by MacAulay & Bobbie Kalman.
        p. cm. -- (¿Qué tipo de animal es?)
    Includes index.
    ISBN-13: 978-0-7787-8835-5 (rlb)
    ISBN-10: 0-7787-8835-0 (rlb)
    ISBN-13: 978-0-7787-8871-3 (pb)
    ISBN-10: 0-7787-8871-7 (pb)
    1. Reptiles--Juvenile literature. I. Kalman, Bobbie, 1947- II. Title. III. Series.
    QL644.2.M312518 2006
    597.9--dc22   2005036526
                                                                                 LC

**Publicado en
los Estados Unidos**

PMB16A
350 Fifth Ave.
Suite 3308
New York, NY
10118

**Publicado en
Canadá**

616 Welland Ave.,
St. Catharines, Ontario
Canada
L2M 5V6

**Publicado en el
Reino Unido**

White Cross Mills
High Town, Lancaster
LA1 4XS
United Kingdom

**Publicado en
Australia**

386 Mt. Alexander Rd.,
Ascot Vale (Melbourne)
VIC 3032

Contenido

Muchos tipos de reptiles

¡Hay muchos tipos de **reptiles**! Algunos son grandes y otros son pequeños. Los reptiles se dividen en cuatro grupos. ¿Cuántos de estos reptiles conoces?

gavial

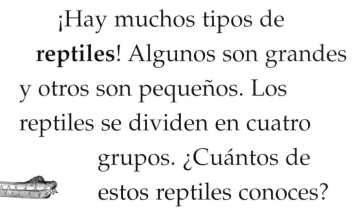

aligátor

cocodrilo

caimán

1. Los cocodrilos, aligátors, gaviales y caimanes forman parte de un grupo de reptiles.

4

2. Las tortugas terrestres y acuáticas forman otro grupo de reptiles.

tortuga

serpiente

lagarto

3. Las serpientes y los lagartos forman el grupo más grande de reptiles.

4. Los tuataras forman un grupo aparte.

tuatara

Las escamas de los reptiles

Todos los reptiles tienen **escamas** en la piel. Algunos tienen escamas lisas. Otros tienen escamas rugosas. Las escamas protegen el cuerpo del reptil.

La serpiente verde de Natal tiene escamas lisas.

Este lagarto tiene escamas rugosas en todo el cuerpo.

Curiosidades de las escamas

A medida que los reptiles crecen, pierden las escamas viejas y les crecen escamas nuevas. Perder las escamas se llama **mudar la piel**.

Los reptiles mudan las escamas muchas veces. Las serpientes lo hacen en una sola pieza. Las escamas de los lagartos se desprenden en pedazos más pequeños. ¡A veces los lagartos se las comen!

7

Sangre fría

Los reptiles son animales de **sangre fría**. El cuerpo de estos animales tiene la temperatura del lugar donde viven. Cuando hace frío, tienen el cuerpo frío. Cuando hace calor, tienen el cuerpo caliente. La mayoría de los reptiles viven en regiones cálidas.

(arriba) La tortuga de cuello de serpiente vive en Australia. (izquierda) Este basilisco vive en América del Sur.

Permanecer sano

Los reptiles no pueden permanecer sanos si su cuerpo está muy frío o muy caliente. Cuando tienen frío, se acuestan al sol para calentarse. Cuando tienen mucho calor, se refrescan a la sombra. Esta serpiente tenía mucho calor. Se metió bajo la tierra para enfriarse.

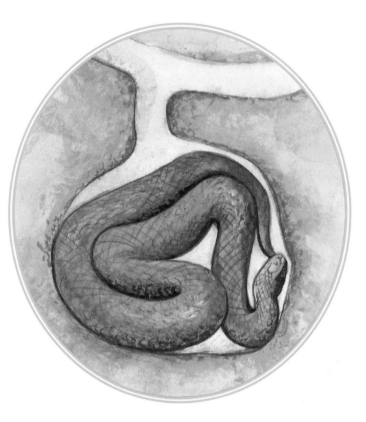

Este lagarto agama rosado está tomando el sol para calentarse.

9

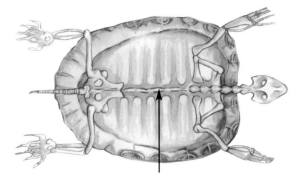

El cuerpo de los reptiles

columna vertebral de una tortuga

Todos los reptiles tienen **columna vertebral**. La columna vertebral está dentro del cuerpo. Está formada por un grupo de huesos a lo largo de la espalda del animal.

La columna de la tortuga está unida a su caparazón.

¿Cómo se mueven los reptiles?

La mayoría de los reptiles tienen patas. Los que tiene patas pueden caminar, correr o nadar. Las serpientes no tienen patas, pero algunas pueden nadar. En la tierra, las serpientes se **deslizan**. Deslizarse es arrastrarse sobre el vientre. ¡Trata de deslizarte sobre tu vientre! ¿Puedes moverte como una serpiente?

Los cocodrilos tienen patas cortas, ¡pero pueden correr rápidamente!

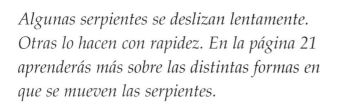

Algunas serpientes se deslizan lentamente. Otras lo hacen con rapidez. En la página 21 aprenderás más sobre las distintas formas en que se mueven las serpientes.

11

 # Respirar aire

Los reptiles deben respirar aire para vivir. Respiran por medio de los **pulmones**. Los pulmones son partes del cuerpo que se llenan de aire. También lo dejan salir. La mayoría de los reptiles tienen dos pulmones, pero muchos tipos de serpientes tienen sólo uno.

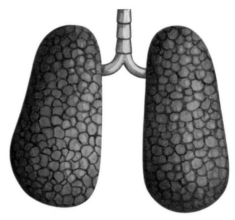

pulmones de una tortuga acuática

Las víboras cornudas tienen un solo pulmón.

12

Vivir en el agua

Algunos reptiles viven en el agua. Aún así, necesitan aire para respirar. Para ello, nadan hasta la superficie del agua.

Los aligátors viven en el agua y en la tierra. Cuando suben a la superficie para respirar, sólo sacan los ojos y las fosas nasales.

Esta serpiente marina vive en el agua. Necesita respirar aire cada quince minutos. Para ello, saca la cabeza del agua.

Las crías de los reptiles

La mayoría de las crías de los reptiles nacen de huevos. Las hembras ponen los huevos en la tierra. Algunos reptiles ponen huevos de cáscara dura. Otros ponen huevos blandos. Al salir del cascarón, ¡las crías parecen adultos pequeños!

Salir del huevo

Todas las crías de reptiles tienen un **diente de eclosión**. Es un diente duro especial que tienen en la cara. Lo usan para romper el cascarón y salir del huevo. Después el diente se cae.

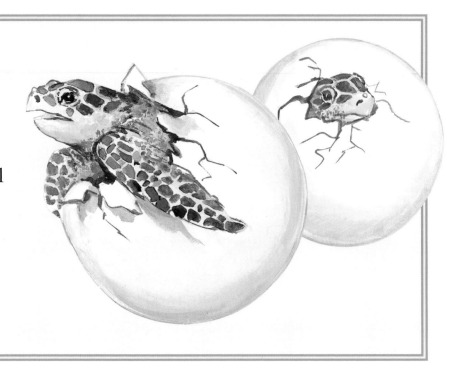

Los escincos son lagartos. Algunos tipos de escinco nacen del cuerpo de la madre.

Sin huevo

Algunos tipos de reptiles no nacen de huevos, sino que **nacen del cuerpo de la madre**. Los reptiles que nacen del cuerpo de la madre no salen de un huevo.

Sin ayuda

La mayoría de las hembras adultas no cuidan a sus crías. Éstas deben cuidarse a sí mismas.

Muchos tipos de serpiente cascabel nacen del cuerpo de la madre.

15

Los hábitas de los reptiles

Las boas viven en los bosques.
Suelen colgarse de las ramas de los árboles.

Un **hábitat** es el lugar natural donde vive un animal. En cada hábitat viven distintos tipos de reptiles. La mayoría de los reptiles viven en hábitats cálidos, como los desiertos. Otros viven en hábitats como bosques y pantanos.

Este lagarto chuckwalla vive en desiertos rocosos.

Los aligátors, caimanes, cocodrilos y gaviales viven cerca del agua. Muchos viven en pantanos. El reptil de esta fotografía es un gavial. Vive en los pantanos de un país llamado India.

Un largo sueño

Algunos reptiles viven en lugares con inviernos fríos. Estos reptiles deben **hibernar**. Hibernar quiere decir dormir todo el invierno. Las serpientes jarreteras hibernan en grupos. Al estar juntas, conservan el calor.

Cada tipo de reptil se alimenta de una comida distinta. Algunos reptiles son **herbívoros**. Los herbívoros son animales que comen plantas.

Comer a otros animales

La mayoría de los reptiles son **carnívoros**. Los carnívoros comen a otros animales. Los animales de los que se alimentan son la **presa**. Algunos reptiles son **omnívoros**. Los omnívoros comen plantas, pero también comen otros animales.

Las iguanas son un tipo de lagarto. Son herbívoras. Esta iguana se está comiendo un cacto. El monstruo de gila que ves a la derecha también es un lagarto. Es carnívoro. Está comiendo huevos. También come ratones.

Los camaleones son lagartos. Son omnívoros.
Comen plantas y muchos tipos de insectos.

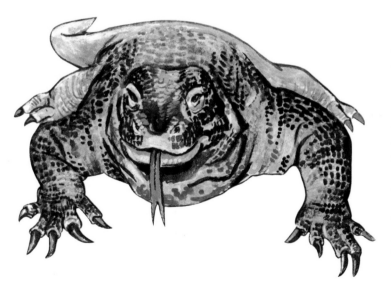

El dragón de Komodo es un lagarto. Es carnívoro.
Caza animales grandes, como cabras.

¿Sabías que…?

¿Sabías que las serpientes pueden abrir la mandíbula más que cualquier otro animal? ¡Las serpientes grandes pueden abrir la mandíbula tanto como para tragarse un cerdo! Esta serpiente se está comiendo una rana.

Serpientes y más serpientes

Algunas serpientes producen **veneno**. El veneno es una sustancia tóxica. Las serpientes lo usan para matar a la presa. Esta cobra produce veneno en su cuerpo. ¡Las cobras a veces lo usan para matar a otras serpientes! Luego se las comen.

Colmillos venenosos

Las serpientes que producen veneno tienen dos **colmillos**. Los colmillos son dientes filosos. La mayoría de los colmillos tienen un **conducto**. Cuando la serpiente muerde, el veneno se desliza por los conductos de los colmillos. Luego entra en el cuerpo de la presa.

conducto

colmillo de serpiente

Las serpientes cascabel llevan un sonajero en la punta de la cola. Lo agitan cuando están asustadas. ¡El sonido advierte a otros animales para que no se acerquen!

Las serpientes tienen párpados transparentes que les cubren los ojos. De esta manera no les entra polvo.

Serpentear

Las serpientes se deslizan de distintas maneras. Éstas son algunas de las maneras en que se mueven:

Para avanzar hacia delante, algunas serpientes enrollan el cuerpo y luego lo estiran.

Para moverse de costado, algunas serpientes empujan el cuerpo de un lado a otro.

Otras serpientes parecen hacer ondas cuando se mueven.

 ¡Un montón de lagartos!

La mayoría de los lagartos tienen cuerpo pequeño y patas cortas. La cola de muchos lagartos se puede desprender. Cuando un carnívoro atrapa a un lagarto por la cola, éste se desprende de ella. Cuando se le cae la cola, el lagarto se escapa. Pronto le vuelve a crecer.

¡El basilisco puede pararse y correr sobre sus patas traseras!

Los dragones de Komodo son los lagartos más grandes del mundo. Algunos miden más de nueve pies (2.7 m) de largo. ¡Estos lagartos son más largos que un auto!

Cambiar de color

¡Los camaleones son lagartos famosos! Pueden cambiar el color de su piel para imitar los colores a su alrededor.

El camaleón puede mover cada ojo en una dirección distinta. Con un ojo busca a su presa. Con el otro vigila si no hay peligro.

El camaleón enrosca su fuerte cola alrededor de una rama para sostenerse.

Reptiles con caparazón

tortuga
terrestre

Las tortugas terrestres y acuáticas se diferencian en algunas cosas. Las acuáticas tienen un caparazón delgado. Viven principalmente en el agua. Muchas viven en lagos, lagunas y arroyos. Las terrestres tienen un caparazón grueso y fuerte. Viven en la tierra. Muchas viven en desiertos.

Las tortugas caminan lentamente porque los caparazones son pesados.

Cuando una tortuga tiene miedo, mete el cuerpo dentro del caparazón para protegerse.

tortuga acuática

Tortugas marinas

Las tortugas marinas viven en los océanos. Tienen **aletas** que les sirven para nadar. Su cuerpo liso también les ayuda a nadar. Las tortugas marinas abandonan el agua sólo para poner huevos.

huevos de tortuga marina

aleta

Caparazones blandos

Algunas tortugas tienen caparazones blandos. Este caparazón está hecho de piel gruesa. Se pueden cortar fácilmente. Los caparazones blandos no las protegen tan bien como los duros.

¡Dientes filosos!

Los cocodrilos, aligátors, caimanes y gaviales viven en ríos y pantanos. Su cabeza es alargada. Tienen la boca llena de dientes filosos. Estos reptiles también son pesados y tienen colas fuertes. Usan la cola para nadar.

Los gaviales tienen más de 50 dientes. Les sirven para atrapar peces, que son su alimento principal.

¿Cuál es cuál?

Los aligátors, caimanes, cocodrilos y gaviales son parecidos, pero la cabeza tiene distinta forma. ¡Aprende a diferenciarlos!

aligátor

La cabeza del aligátor es corta. Tiene forma de letra "U". Cuando tiene la boca cerrada, se ven pocos dientes.

caimán

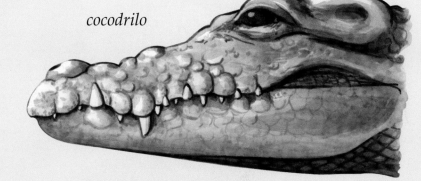

La cabeza del caimán es como la del aligátor, pero más pequeña.

cocodrilo

La cabeza del cocodrilo es alargada. Tiene forma de letra "V". Cuando tiene la boca cerrada, los dientes largos quedan afuera.

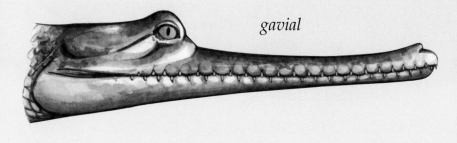

gavial

La cabeza del gavial es larga y estrecha. Tiene dientes pequeños que son difíciles de ver.

 # Tuataras

¡Los tuataras habitan la Tierra desde antes que los dinosaurios! Hace mucho tiempo, había otros reptiles en el grupo de los tuataras. Ahora esos reptiles están **extintos**. Los animales extintos ya no viven en ningún lugar de la Tierra.

¡La mayoría de los tuataras viven más de 60 años! Viven solamente en algunas islas pequeñas cerca de Nueva Zelanda.

Les gusta el frío

A la mayoría de los reptiles les gusta el clima cálido, pero los tuataras prefieren el frío. Les gusta dormir de día, cuando hace calor. Cazan de noche, cuando está fresco. Se alimentan de huevos de aves, animales pequeños y muchos tipos de insectos.

Los tuataras comen arañas. También comen escarabajos y otros insectos.

¡El tuatara tiene tres ojos! El tercer ojo está debajo de la piel, entre los otros dos. Con ese ojo puede ver colores, pero no puede ver formas.

🐍 Memorama de reptiles 🐍

En este libro has aprendido que los reptiles pertenecen a cuatro grupos distintos.
¿Recuerdas qué reptiles pertenecen a cada grupo? Puedes probar cuánto recuerdas de una manera divertida. ¡Juega memorama de Reptiles! Pide a tu familia y amigos que lean este libro para que puedan jugar contigo.

¿Las tortugas y los lagartos pertenecen al mismo grupo de reptiles?

Cómo hacer el juego

1. Recorta 30 tarjetas de papel.
2. Dibuja un reptil distinto en cada una. ¡Asegúrate de tener por lo menos dos de cada grupo!
3. Escribe el nombre del reptil sobre cada dibujo.

Cómo jugar

1. Distribuye las tarjetas sobre el piso con el dibujo hacia abajo.
2. Haz que los jugadores levanten dos tarjetas cada uno por turnos.
3. Si los reptiles de las tarjetas son del mismo grupo, pueden formar un par. El jugador se guarda estas tarjetas.
4. Si los reptiles son de distintos grupos, el jugador devuelve las tarjetas a su sitio. ¡Usa tu memoria para recordar qué reptiles hay en las tarjetas y dónde están!
5. El ganador es la persona que tenga más tarjetas al final del juego.

Antes de hacer las tarjetas, mira las páginas 4 y 5 para asegurarte de que conoces los grupos de reptiles. Luego dibuja tantos reptiles como puedas. ¡Usa el libro para ayudarte a recordar! ¡No olvides dibujar el tuatara dos veces!

Palabras para saber e índice

aligátors
páginas 4, 13, 17, 26-27

caimanes
páginas 4, 26-27

cocodrilos
páginas 4, 11, 17, 26-27

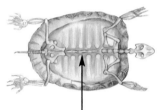

columna vertebral
página 10

escamas
páginas 6-7

gaviales
páginas 4, 17, 26-27

lagartos
páginas 5, 7, 8, 9, 15,
16, 18, 19, 22-23, 30

tortugas acuáticas
páginas 5, 8, 12, 24-25

serpientes
páginas 5, 6, 7,
9, 11, 12, 13, 15,
16, 17, 19, 20-21

tuataras
páginas 5, 28-29, 31

tortugas terrestres
páginas 5, 10, 24, 30

1 2 3 4 5 6 7 8 9 0 Impreso en Canadá 5 4 3 2 1 0 9 8 7 6